HALLO AMSTERDAM

27 TIPPS FÜR CAFÉS, KULTUR UND MEHR

ANKER|WECHSEL

WILLKOMMEN IN **AMSTERDAM!**

Hallo Amsterdam. Du bist zweirädriges Rauschen und zweibeiniges Schlendern. Deine Grachten malen den Alltag an, wie ein niemals stillstehendes Gemälde. Mit rauem Charme im Norden wickelst du die Neugierde um deine bunten Finger und nimmst Abenteuerlustige zum Feiern an die offene Hand. Amstel und IJ fluten deine Adern und der Wind pocht an die Fensterscheiben deiner schmalen Giebelhäuser. Du bist Vielfalt auf geringer Fläche. Schlendernd sollte man durch möglichst viele deiner Gassen rauschen. Hallo, du überraschendes Amsterdam!

ÜBER DIE AUTORIN

Harriet Dohmeyer ist begeistert von Menschen mit Leidenschaften, hat ein Herz für Spezialitätenkaffee und arbeitet als freie Fotografin und Autorin. Sie hat an einer Hamburger Hochschule Journalismus gelernt und war bereits für diverse Verlage tätig. Ihr digitales Zuhause ist der Blog „Fräulein Anker". Hier berichtet sie über tolle Orte in ihrer Heimatstadt Hamburg und von ihren Reisen. Dank der Hallo-Buchreihe füllt Harriet neben der Website auch Buchseiten mit ihrem Blick auf Städte.

DER ANKERWECHSEL VERLAG

Um die Idee von Gestaltung und Vertrieb einer Reihe mit je 27 Lieblingstipps für verschiedene Metropolen zu verwirklichen, hat Harriet 2017 den Independent-Verlag Ankerwechsel gegründet. Ein Ergebnis aus diesem Projekt hat es gerade in deine Hände geschafft. Die Bücher bekommst du ansonsten in verschiedenen kleinen Läden, liebevoll sortierten Buchhandlungen sowie auf fraeuleinanker.de.

HALLO AMSTE RDAM

INHALT

CENTRUM   ## WEST

| ZUID | OOST | NOORD |

LEGENDE
Für den jeweiligen Fokus auf den folgenden Seiten

 Spezialitätenkaffee   Shoppen

 Essen   Bar

 Kultur   Lieblingsort

WEST

CENTRUM

ZUID

PRINSENGRACHT
KEIZERSGRACHT
SINGEL
HERENGRACHT
SPUISTR
KEIZERSGRACHT
KERKSTRAAT
PRINSENGRACHT
STADHOUDERSKADE
VAN BAERLESTRAAT

NOORD

OOST

WIBAUTSTRAAT

MAURITSKADE

CENTRUM

MEDIAMATIC EIN BIOTOP AM WASSER

Nur ein kurzer Spaziergang trennt das Mediamatic Biotop vom Hauptbahnhof. Vorbei geht es an modernen Hochhäusern und dem schrägen
Gebäudeklotz der lokalen Kletterhalle, dann steht man den ersten Hoch-
beeten gegenüber. Im größten Gewächshaus auf dem Gelände ranken
keine Pflanzen an den Decken, sondern einladende Lichterketten, die die
Besucher des hauseigenen Lokals Mediamatic Eten beleuchten. Auch an
Geruchsworkshops und Bierverkostungen kann man dort teilnehmen. Ini-
tiator dieser Oase ist eine Stiftung, die seit den 90er Jahren wechselnde
Kunstausstellungen und neue Technologien fördert. Die Aussicht auf das
Wissenschaftsmuseum Nemo bietet einen weiteren Blick in die Zukunft.

URBANES LANDWIRTSCHAFTSMODELL

Auf dem Mediamatic-Gelände findet man auch eine sogenannte Aquaponik-Farm: ein Gewächshaus mit Aquarien, in denen Fische schwimmen. Das Wasser fließt durch ein Kreislaufsystem und bietet Nährstoffe für Salat, Tomaten und Kohl, die über den Aquarien wachsen. Die vor Ort angebauten Lebensmittel brutzeln und brodeln später in den Pfannen und Töpfen des Restaurants.

LEHMOFENPIZZA UND CRAFT BEER

Wer Lust auf köstliche Pizza aus dem Lehmofen mit Blick auf die Stadt hat, ist im Mediamatic Eten genau richtig. Passend dazu: die saisonale Craft-Beer-Auswahl aus der Region. Pizza gibt es von Sonntag bis Dienstag, die restlichen Tage wird aus der Karte gewählt. Es warten kulinarische Experimente wie die Coco Thai Balls auf erlebnishungrige Gaumen. Die vegane Stiefschwester der niederländischen Spezialität Bitterballen kommt so warm und herzhaft wie ihre fleischigen Verwandten daher. Statt Tier landen aber Curry, Kokosmilch und grüne Erbsen im Herzen der Leckerei. Eine Sauce aus Ingwer, Sternanis und Sesam wird dazu aufgetischt.

Mediamatic
Dijkspark 6a
1019 BS Amsterdam

RESTORED JUNGES DESIGN IM KÜNSTLERHAUS AM HAARLEMERDIJK

Bevor David und Marijke Hukema ihren Laden eröffneten, mussten sie viel Staub wischen – zuvor lagerten dort jahrzehntelang alte Gemälde. Bei der Renovierung entdeckte das Paar unter dicken Tapetenschichten dann eine Backsteinwand. Ihr unverputztes Mauerwerk gibt dem Raum heute einen rustikalen Charme und steht im Kontrast zum Angebot an moderner Kleidung, formschönen Keramiken und filigranem Schmuck.

Was auf den Regalbrettern liegt, wird meist nur in kleiner Auflage hergestellt und stammt von jungen Labels. Ein paar Klassiker bestärken das Gefühl: Hier kann man Leidenschaft für Design erleben. Jedes Produkt erzählt dabei eine eigene Geschichte. Einige Schmuckschalen sind beispielsweise aus dem Ton getöpfert, der beim Bau der neuesten Metrolinie „Noord-Zuidlijn" ausgehoben wurde.

Restored
Haarlemmerdijk 39
1013 KA Amsterdam

DIESE EMPFEHLUNG STAMMT VON JEFF, DEM GRÜNDER DES CAFÉS TOKI (S. 22). ─────────

TOKI ES LEBE DIE LANGSAMKEIT

Nach fünf Monaten und 40 Besichtigungen stand Jeff Flink endlich in den Räumlichkeiten, die heute das Toki sind. Für sein Café hat er sich von der motivierten und fokussierten Einstellung der Japaner inspirieren lassen. Der Name ist Japanisch und bedeutet Zeit. Das Toki will seinen Besuchern die Chance geben, sich für einen Moment der Schnelligkeit der Moderne zu entziehen. So tat es auch Gründer Jeff selbst, der zuvor im Marketing eines großen Unternehmens arbeitete.

SKANDINAVISCH-JAPANISCHES DESIGN

Ein Messer mit Holzgriff. Helle Campingstühle. Einatmen. Ausatmen. Das Equipment im Toki nimmt einen mit zum Waldausflug. Den Alltag hinter sich lassen, sich Zeit nehmen, mit Freunden oder der Familie reden. Man möchte fast sein Zelt aufschlagen und einen Sternenhimmel an die Decke malen. Und auch wenn der Kaffee hier nicht wirklich über dem Gaskocher köchelt, so genießt man ihn in dieser abstrakten Leichtigkeit auf blau lackiertem Steinboden doch etwas anders als sonst.

Die Mühlen des Eckladens mahlen Bohnen der renommierten Berliner Kaffeerösterei Bonanza. Die Verbindung entstand während einer Berlin-Reise. Jeff kam im Stadtteil Prenzlauer Berg gleich um die Ecke des ersten Bonanza Cafés unter. Die beiden Gründer der Rösterei hatten sich wiederum in den Niederlanden kennengelernt. Das aber ist eine andere Geschichte. Sein Startkapital in Sachen Kaffee erwarb Jeff schließlich mit einer Schulung bei Bonanza. Alles Weitere eignete er sich autodidaktisch über die Jahre an.

IN DER KÜCHE: CHEF NANA AUS L.A.

Die kleine Küche im Toki ist die Domäne von „Chef Nana" – einer jungen Köchin aus Los Angeles. Die 23-jährige Naiara Sabandar entwickelte zuvor in Paris mit einer Floristin Foodstyling-Konzepte. Bei der Zubereitung ihrer Speisen achtet sie auf Farbkombinationen, mischt Lebensmittel mit unterschiedlichen Strukturen und kreiert Teller, die an Kunstwerke erinnern. Das Toki Toast zum Beispiel ist belegt mit Aioli-Creme, Chilipulver, Avocado sowie Radieschen, deren Inneres wie Wassermelonen aussehen.

Toki
Binnen Dommersstraat 15
1013 HK Amsterdam

NOORDERMARKT NACHHALTIG FLANIEREN ÜBER DEN BIOMARKT

Samstag ist Markttag! Waren von kleinen Bauernbetrieben aus dem Amsterdamer Umland locken Einheimische und Touristen auf den Platz vor der Noorderkerk im schönen Jordaan-Viertel. Angeboten wird, was Magen und Augen begehren: Obst und Gemüse in Bioqualität, handgemachtes Geschirr, antike Kunst-werke, alte Schallplatten und Vintage-Mode. Besonders für frü-he Vögel lohnt sich ein Ausflug. Am Morgen lässt es sich am ent-spanntesten an den Holzständen entlang spazieren. Frühstück gibt es mitten auf dem Kirchplatz: „De Noordermarkt Kantine" wartet hier mit frisch aufgebrühtem Filterkaffee und die Back-waren der Marktbäcker machen den Start in den Tag perfekt.

④

Noordermarkt
1015 NA Amsterdam

THE DARLING GESPÜR FÜR SCHÄTZE

Wie Perlen einer Kette reihen sich im beliebten Viertel der neun kleinen Straßen (De Negen Straatjes) pittoreske Läden aneinander. Ein besonderes Schmuckstück: The Darling. An den Kleiderstangen aus Ästen hängen neben Pullovern des eigenen Labels auch Lieblingsteile fremder Marken sowie Vintage-Raritäten. Getrocknete Blumen, nostalgische Bilderrahmen und liebevoll ausgewählte Accessoires schaffen eine gemütliche Wohnzimmeratmosphäre und man möchte partout mit dem Laden eine stilistisch hochwertige Freundschaft eingehen. Hinter diesem Gefühl steckt Gründerin Nadine van der Zee, die die Boutique nach einem Abschluss am Amsterdamer Fashion Institute mit ihrem Spürsinn für Schönes füllte.

The Darling
Runstraat 4
1016 GK Amsterdam

⑤

BOCCA COFFEE BEIM RÖSTER

Freunde des hochwertigen Kaffeegenusses werden sich im Café der niederländischen Rösterei Bocca wohlfühlen. Hier wird Kaffeekultur gelebt. Gründer Menno Simons entdeckte seine Faszination für die rote Kaffeekirsche bei einem Bauern in Äthiopien, als er noch als Händler von Sesam um die Welt reiste. Mit etwas Rohkaffee im Gepäck kam er zurück nach Amsterdam und experimentierte in seiner Garage mit ersten Röstungen. Das Ergebnis: Seine Freunde waren begeistert. Die Gründung des Boccas war der logische nächste Schritt. Heute wie damals beziehen Menno und sein Team den Rohkaffee direkt von den Bauern. So kommt das Geld genau bei den Personen an, die hart für unseren Kaffee arbeiten.

Bocca Coffee
Kerkstraat 96HS
1017 GP Amsterdam

(6) ☕

SCHWARZ-WEISS NEBEN FARBVIELFALT

FOAM ZWISCHEN ABBILD UND ABSTRAKTION

MIT GERADLINIGEM PERSPEKTIVENWECHSEL

Foam
Keizersgracht 609
1017 DS Amsterdam

1

2

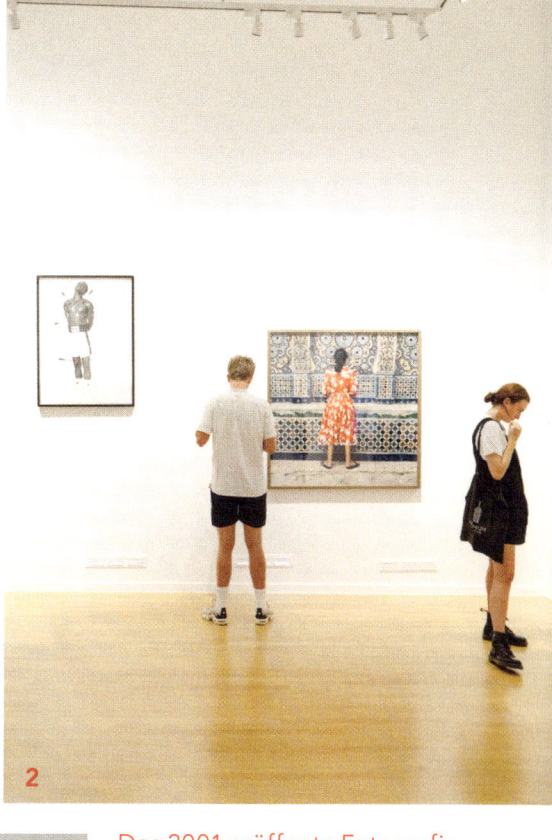

3

Das 2001 eröffnete Fotografie-museum zeigt Aufnahmen von aufstrebenden Fotografen und bekannten Talenten. Die Bilder an den hellen Wänden reichen von Portraits über Dokumenta-tionen bis zur Modefotografie. In dem historischen Haus an der Keizersgracht laufen häufig drei Ausstellungen gleichzeitig. Außerdem bietet es eine Cafe-teria, eine Bibliothek und einen Buchladen. Dort bekommt man auch das monothematische Fo-tografie-Magazin „Foam". Ein Heft, das dreimal im Jahr vom Museum publiziert wird.

GRACHTENFAHRT ÜBER DAS WASSER

Amsterdam ist am Wasser gebaut und erlangte im 17. Jahrhundert weltweites Ansehen als Hafenstadt und Umschlagplatz. Die vielen Kaufmannshäuser aus dieser Zeit prägen auch heute noch das Stadtbild. Eine der romantischsten Arten, Amsterdam zu erkunden, ist eine Grachtenfahrt. Überall in der Stadt sind kleine Bootsverleihe ansässig, so lässt sich der Ausflug einfach und individuell gestalten. Bei Mokumboot kann man zum Beispiel ein Elektroboot für bis zu acht Personen mieten und selbst zum Grachtenkapitän werden. Für die Erkundungstour in das verwinkelte Netz aus Wasserrouten braucht es nicht mal einen Bootsführerschein. Ahoi!

⑧ ♡

HALLO NEUE AUS- UND EINBLICKE

Besonders eindrucksvoll ist ein Ausflug während der Abenddämmerung. Die kunstvollen Fassaden, die vielen Hausboote und die Lichter der Brücken schaffen unvergessliche Erinnerungen. Wer etwas Zeit mitbringt, kann auf dem ausgeliehenen Boot ein kleines Picknick veranstalten. Ob man bei der Bootstour nur auf der weiten Amstel und ihren ruhigen Wasserwegen schippert oder sich rein in das Getümmel der kleinen Grachten bewegt, bleibt dem Kapitän selbst überlassen. Lenkt man in Richtung Botanischer Garten und Zoo Artis, winken einem vielleicht Elefanten und Zebras vom Ufer aus zu. Das Stadtzentrum bietet visuelle Extravaganz der anderen Art: etwa die sieben baugleichen Brücken an der Reguliersgracht oder die Turmspitze der Zuiderkerk hinter einer idyllischen Reihe Giebelhäuser.

BACK TO BLACK WOHLFÜHLFAKTOR

Ein türkisfarbener Zaun umrahmt eine schmale Terrasse im Herzen der Stadt. Wenn man über sie das Back to Black betritt, knarzen unter einem die Holzdielen und aus der hinteren Ecke vernimmt man vielleicht ein Miauen. Binkie macht sich dann bemerkbar. Sie ist die Hauskatze und verwandelt das Café genauso zum Hort der Gemütlichkeit, wie die Farbe an der hinteren Wand. Die besten Sitzplätze befinden sich direkt vor ihr – jene mit Grachtenblick am Fenster. Noortje Vlutters und Inge Bulthuis gehört die Mischung aus Rösterei und Café. Augenzwinkernd danken die Zwei ihren Kunden für deren Koffeinsucht.

Back to Black
Weteringstraat 48
1017 SP Amsterdam

DE SCHOOL IN EHEMALIGEN KLASSENZIMMERN DIE NACHT ZUM TAG MACHEN

Auf dem Gelände einer alten Fach schule aus den 60er Jahren hat sich im Amster damer Westen ein Zentrum mit vielen Künstler ateliers, jungen Kreativunternehmen sowie ei nem Kulturangebot angesiedelt. Als kleine Stadt in der Stadt empfängt De School jeden Tag seine Besucher. Am Wochenende ist sogar rund um die Uhr etwas los. Neben dem Nacht club, in dem lokale DJs auflegen, gibt es einen Konzertsaal und Ausstellungsräume für Kunst. Außerdem kann man im hauseigenen Fitness studio trainieren. Für ein Frühstück, ein Mit tagessen oder eine wohltuende heiße Scho kolade sollte man im Café DS mit seinem net ten Hinterhof vorbeischauen.

KREATIVER BILDUNGSAUFTRAG

Das Schul essen wird in dem Café in industriell er Atmosphäre serviert. Auf anspre chenden Tellern landet nach Belieb en beispielsweise ein Pausenbrot, bestrichen mit Kürbis-Hummus, Ra dieschen und Blatt-spinat – alter nativ hausgemachte Suppen oder a uch frische Salate. Nebenan im sc hicken Restaurant DS, lässt sich d as Essen vor allem zur späteren Stu nde, bei Kerzen-schein, genießen. Ab drei und bis zu sieben Gänge k önnen dann von dem Menü ausge wählt werden. Das Reservieren wi rd empfohlen.

De School
Doctor Jan van Breemenstraat 1
1056 AB Amsterdam

WILDERNIS GRÜNER SEHNSUCHTSORT

Die Mode geht zur Begrünung des Drinnens. Der Laden Wildernis von Innenarchitektin Emma Hagedoorn und Redakteurin Mila van de Wall ist der wild- und wahrgewordene Traum eines jeden Pflanzenfreundes. Schon von draußen wird man von wechselnden Illustrationen auf den Fensterfronten in das Innere gebeten. Hinter der Fassade, die hier keine Fassade ist, wartet ein Allerlei an Wissen und Produkten rund um die wunderbare Welt der Pflanzen. In Workshops wird erklärt, wie man ein Terrarium bepflanzt oder seinen eigenen kleinen urbanen Gemüsegarten anlegt. Die Sitzgelegenheiten inmitten von Calatheas, Efeututen und Grünlilien bieten aber auch Platz für eine naturverbundene Pause bei einem Tee.

Wildernis
Bilderdijkstraat 165F
1053 KP Amsterdam

MONKS COFFEE ROASTERS IN EINER KATHEDRALE FÜR GUTEN GENUSS

Über selbstgebackenem Kuchen wird im Monks aus der Espresso-Bibel die Wiederauferstehung des Geschmacks gepredigt. Diesen Wallfahrtsort für Kaffeeliebhaber hat Patrick Abbott geschaffen. Der Name (Mönche, aus dem Englischen übersetzt) ist eine Anspielung auf den „Abbott" – Klostervater – in seinem eigenen Nachnamen. Bevor der Ire in Amsterdam landete, pilgerte er um die Welt auf der Suche nach dem heiligen Koffein-Gral. Nach Aufenthalten in Europa führte Patrick in Perth ein Teehaus und studierte in Melbourne vier Jahre die Kaffeeszene. Dort lernte er, was einen guten Barista ausmacht und wie Röstprozesse funktionieren.

Vor allem aber verstand Patrick, wie man seinen Gästen mehr bietet als nur exzellente Espressogetränke. Atmosphäre und Essen sind ihm mindestens genauso wichtig. In seiner Küche wird deshalb für hungrige Brunch-Jünger gekocht und stets auf das Bauch- und Seelenwohl geachtet.

DAS BEDÜRFNIS NACH ÄSTHETIK ISST UND TRINKT BEKANNTLICH MIT

Der Name Monks thront aus Kupferrohren geformt an einer Wand. Ein paar Meter weiter schmeicheln Kunstwerke dem Sehsinn der Besucher. Alle sechs Wochen wird die kleine Ausstellung mit neuen Werken eines lokalen Künstlers behängt. Auch der Gründer selbst ist kreativ. Seine Fotosammlung an berühmten Persönlichkeiten, die Kaffee trinken, findet man eingerahmt über dem speziellen Wasserhahn des Cafés – ein Eisenvogel, der über einer Pflanze singt und doch schweigt.

Monks Coffee Roasters
Bilderdijkstraat 46
1052 NB Amsterdam

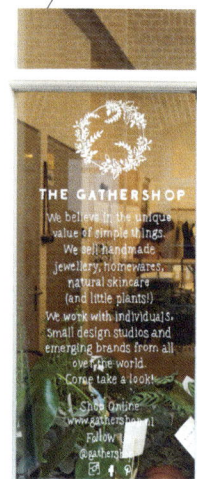

GATHERSHOP EINE BRITIN ZEIGT DIE EINFACHHEIT MIT SCHÖNEN DINGEN

Bevor die Wahl-Amsterdamerin Jessica Chapman 2014 den Gathershop eröffnete, war sie als Interior-Designerin tätig. Nach erfolgreichen ersten Schritten im hippen Viertel De Pijp folgte zwei Jahre später der Umzug in „De Hallen" – einem stillgelegten restaurierten Eisenbahndepot. Wer schon mal da ist, kann hier auch auf dem Street-Food-Markt, in der Bibliothek oder vor der Leinwand des hauseigenen Kinos etwas Zeit verbringen.

HANDVERLESENES

Klare Linien und ruhige Objekte begeistern Jessica. In Form von kleinen Sukkulenten, roségoldenen Ohrringen, Tuben mit Naturkosmetik, illustrierten Postkarten und minimalistischer Kleidung greift sie ihre Vorlieben im Gathershop auf. Dabei fokussiert die Britin Handgemachtes von kleinen Designstudios aus der ganzen Welt.

Gathershop
Hannie Dankbaarpassage 19
1053 RT Amsterdam

COFFEE SOMETIME SIMPEL & STILVOLL

Das Coffee Sometime zählt zu den jüngsten Bereicherungen der Amsterdamer Kaffeeszene. 2018 wurde es von der Russin Yulia Nenadic, ihrem Mann Nenad J. Nenadic und dem Röster Oleg Kondaurov eröffnet. Die Wände ihres Cafés haben die Gründer in warmen Naturfarben gestrichen. Kunstvoll übereinander stapelbare Hocker stehen um die Tische und Lampen hängen in Bogenform in den offenen Raum. Und das sind nur ein paar belgische Kostproben der Design-Schmuckstücke, mit denen das Coffee Sometime aufwartet.

(14) ☕

„LASS UNS EINEN KAFFEE TRINKEN"

Der Name des Cafés leitet sich aus einer gern genutzten Phrase ab: Lass uns mal einen Kaffee zusammen trinken. Lyrisch aufgegriffen wird das in der Menükarte des Ladens: „Let us have a coffee sometime. Sometime – it could be now, or within a few minutes. Even tomorrow. Next week is fine too. It is just a matter of time – seconds, minutes, hours, days, years. A promise of a future moment. But, let us have coffee sooner rather than later." Um den hauseigenen Kaffee zu rösten, reist Mitgründer Oleg, der auch in Moskau eine Rösterei besitzt, regelmäßig nach Amsterdam. Auf den Geschmack der Bohnen abgestimmt werden auch Köstlichkeiten wie Buttermilch-Pancakes serviert.

Coffee Sometime
Eerste Constantijn Huygensstraat 63
1054 BT Amsterdam

WISH

Crème coffee   5
Matcha latte   5
Tea   2.5

Optional:
Oat milk (without extra charge)

Mit großem Stolz präsentiert man im Rijksmuseum auf einer Fläche von 12.000 m² ein ganzes Meer an Gemälden niederländischer Künstler. Die chronologisch ausgestellte Sammlung reicht vom Mittelalter bis ins 20. Jahrhundert.

RIJKSMUSEUM
DAS ZUHAUSE DER NIEDER-LÄNDISCHEN KUNST-GESCHICHTE

Auch Rembrandts weltberühmte Nachtwache hängt hier. Das Gemälde zeigt eine Amsterdamer Bürgerwehr im 17. Jahrhundert.

Die Personen – 34 an der Zahl – sind nicht, wie damals eigentlich üblich, in einer starren Haltung gemalt, Rembrandt zeigt sie in einer Unordnung vor ihrer Aufstellung.

Diese Szene wird von einer starken Lichtkomposition beherrscht. Das leichte Durcheinander des Gruppenporträts verführt zusammen mit der dunklen, aber trotzdem detailreichen Gestaltung zum ausgiebigen Betrachten.

Rijksmuseum
Museumstraat 1
1071 XX Amsterdam

Modern geht es in der großzügigen Eingangshalle des Museums zu. Sie ist seit einer zehnjährigen Renovierung hell und im Stil des 21. Jahrhunderts gestaltet.

An den Wänden der Ausstellungsräume sorgen hingegen tiefe Grautöne für eine besondere Entfaltung des ästhetischen Potenzials. Die alten Meister wirken dadurch nahezu lebendig.

Mehr als 8000 Exponate umfasst der Bestand des Rijksmuseums. Ein weiterer Blickfang des Hauses ist die historische Forschungsbibliothek mit ihrer Bücherauswahl.

VONDELPARK GRÜNE BEGEGNUNGEN IN EINER STADT VOLL BEWEGUNG

Was dem New Yorker der Central Park ist, ist für den Amsterdamer der nach dem niederländischen Dichter Joost van de Vondel benannte Vondelpark. Auf dem 47 Hektar großen Gelände trifft man die relativ junge Bevölkerung der Stadt (siehe S. 122) auf allen nur denkbaren fahrbaren Untersätzen. Es wird auf Skateboards durch den Park gerollt, Menschenketten auf Inlineskates gebildet oder klassisch die Beine zum Joggen in die Hand genommen. Mit Kinderwagen in der einen und Hundeleine in der anderen Hand schlendern sie durch den Park. Aber natürlich radelt der gemeine Amsterdamer überwiegend mit dem Rad die asphaltierten Wege entlang. Das Areal lädt auch zum längeren Verweilen ein, zum Beispiel für ein Picknick im Sommer – auf einer der vielen Wiesen am Wasser.

AUSSICHTEN UND VOGELPERSPEKTIVEN

In den Bäumen des Parks lassen sich besondere Vögel begutachten: Papageien mit grüngelbem Federkleid und rotem Schnabel. Eigentlich leben sie in Asien und Afrika, ein paar wurden aber einst im Vondelpark freigelassen und sind hier heimisch geworden. Im Sommer nisten Störche in der Idylle und stolze Reiher flanieren entlang der Ufer. Außerdem locken ruhige Bäche, romantische Brücken und viel Natur das ganze Jahr über Touristen und Einheimische an. Leseratten und Yogagazellen gehen hier ihrer natürlichen Bestimmung nach. Selbst im Herbst, wenn ein leichter Schleier über dem See in der Mitte des Parks liegt, sitzen einige noch auf Wolldecken – dick eingepackt und gewärmt vom mitgebrachtem Tee aus der Thermoskanne.

Vondelpark
Amsterdam

STEDELIJK
DER ZEITGEIST DER MODERNE

Das im 19. Jahrhundert ge-
gründete STEDELIJK Mu-
seum erinnert an eine über-
dimensionale, freistehende

Badewanne. Dem hinteren
Backsteinbau sieht man an,
dass er aus einer anderen
Epoche stammt als der vor-
dere Neubau. Früher galt
das Museum am MUSEUM-
PLEIN aber auch als stadtge-
schichtliche Institution, seit
den 70er Jahren wird sich
hier voll und ganz auf zeitge-
nössische Kunst konzentriert.

Mit  PICASSO und KANDINS-KY beginnt die Sammlung des Museums. Sie hangelt sich dann gekonnt an der Pop-Art von LICHTENSTEIN entlang bis zu Arbeiten aus

IN THE END, SOMETHING ELSE BEGINS
IN THE END, YOU'VE HAD YOUR CHANC
IN THE END, YOU WIN OR YOU LOS
IN THE END, HISTORY HAPPEN
IN THE END, NOTHING MATTE
IN THE END, ALL IS FORGOTT
IN THE END, ALL IS FORGIV
IN THE END, ANYTHING GO
IN THE END, YOU DISAPP
IN THE END, LIES PREV
IN THE END, ANGER FA
IN THE END, HOPE IS L

dem letzten Jahrzehnt. So findet man auf den Trep-pen des Neubaus Texte der Konzeptkünstlerin BARBARA KRUGER. 2018 wurde sich in einer Ausstellung dem Foto-grafen, Bildhauer und Maler

GÜNTHER FÖRG gewidmet. Über verschiedene Medien hinweg fasziniert er mit seiner Abstraktion. Beim Künstlerduo **STUDIO DRIFT** spielt die Verbindung von Natur, Mensch und Technologie die Schlüsselrolle. Sie stellen im Stedelijk beispielsweise die Ballett tanzende Lichtinstallation „Meadow" aus. Wie Blüten aus Stoff öffnen und schließen sich die von der Decke hängenden Leuchten. Dank der Hydraulik fahren sie dabei über den Köpfen der Besucher auf und ab.

Stedelijk Museum
Museumplein 10
1071 DJ Amsterdam

COTTONCAKE NACH STRICH & FADEN

Bei Cottoncake nahe des Sarphati-parks zeichnen Köstlichkeiten und Design vor geweißten Wänden ein geschmackvolles Bild. Der Laden lädt ein zur Entdeckungstour durch modische Leckerbissen. Dazu stehen liebevoll drapierte Seifen und Bücher auf den Ladentischen. Von der offenen zweiten Etage blickt man auf den unteren Bereich samt Theke mit Espressomaschine. Der Concept Store ist nämlich gleichzeitig auch ein kleines Café. Vorbeischauen kann man zum Frühstück oder für eine Pause mit Kuchengenuss. Am Wochenende wird sogar zum Brunch geladen. Für Cappuccino und Co landen Bohnen der Amsterdamer Mikrorösterei White Label Coffee in dem Siebträger.

Cottoncake
Eerste van der Helststraat 76HS
1072 NZ Amsterdam

SIR HUMMUS VON JERUSALEM ÜBER LONDON NACH DE PIJP IN AMSTERDAM

Lior Benador, ihr Mann Guy Mozes und dessen Bruder Dori Mozes stammen gebürtig aus Jerusalem. In ihrem Hummusladen im Stadtteil De Pijp spürt man aber nicht nur Einflüsse von den israelischen Wurzeln, sondern auch aus London. In der britischen Hauptstadt begannen Lior und Guy als Ausgleich zu ihren Bürojobs Hummus auf dem Maltby Street Market zu verkaufen. Motiviert vom Erfolg machten sie die Leidenschaft zur Profession. Gemeinsam mit Dori, der zuvor in Tel Aviv studierte, zog das Paar dafür nach Amsterdam. Zuvor hatten sie einen Sommer in der Stadt verbracht und sich dabei in die Lebensart der Amsterdamer verliebt.

 19 🍴

TAP ♥ WATER

EIN GEMÜTLICHES ARBEITERESSEN

Werden die Gründer nach dem Geheimnis hinter ihrem Hummus gefragt, gibt es keine ausartende Erzählung über eine seit Generationen überlieferte Rezeptur. Sie berichten dann einfach von der stetigen Verbesserung in der Küche. Dazu gehört es, sich Zeit zu nehmen und auch auf die „Stimmung" der Kichererbsen einzugehen. Bestmöglichste Zutaten zu nutzen, aber trotzdem simplen und erschwinglichen Hummus anzubieten, bedeutet außerdem ein Balanceakt, dem sich das Trio bis heute erfolgreich stellt.

Tahini importieren sie von einem Familienbetrieb aus Nazareth. Die Kichererbsen kommen aus Argentinien, die Oliven aus Portugal und das in Essig eingelegte Gemüse wird zum Teil selbst produziert, teilweise aus dem Heimatland Israel bezogen. Vieles, das den puren Geschmack von Hummus verdeckt, wie Zitronen und Knoblauch, haben die Gründer außerdem nach und nach reduziert. Im Original heißt das Gericht Hummus mit Tahini – übersetzt aus dem Arabischen: Kichererbsen in Sesampaste.

HUMMUS WIE IM NAHEN OSTEN

In Städten wie Tel Aviv und Jerusalem ist Hummus ein vollwertiger Hauptgang. Um den bis jetzt nur die Dipversion kennenden Amsterdamer trotzdem mit ins Kichererbsen-Boot zu holen, wurde ein Menü mit Pitabrot und Extras wie Ackerbohnen und Fleisch entwickelt. In der Küche des Ladens herrscht die Philosophie des langsamen Kochens. Die Zubereitung für den immer frisch servierten Hummus fängt zum Beispiel schon am Tag zuvor an. Über Nacht weichen die Kichererbsen in Wasser ein und brodeln dann ein paar Stunden im Kochtopf. So lange, bis die Hülsenfrüchte zart genug sind, aber noch nicht auseinanderfallen. Anschließend folgt das Abkühlen und Vermischen mit den anderen Zutaten. Ist man einmal in diesen Genuss gekommen, scheitert künftig jeder Dip aus dem Supermarktregal.

SIR HUMMUS MEAL
→ chopped salad + pickles
→ pita bread

Yes. only one kind of Hummus.

no WIFI - talk to each other...

no - We don't have BROODJES.

COMMON ANSWERS

no - the Secret Sauce doesn't have wasabi, avocado or tahini.

THE HUMMUS KARMA
finished your Hummus? give you get to someone your order next time - someone will Same for you

Sir Hummus
Van der Helstplein 2
1072 PH Amsterdam

OOST

RUM BABA GUTE LAUNE MIT OBELIX

Bei Rum Baba dienen Spielzeugfiguren wie Obelix und Shrek als Tischnummern und auch sonst geht es dort eher bunt als schlicht zu. Facettenreich ist vor allem die Auswahl an frischen Kuchen und hervorragenden Kaffees. Beides entsteht in eigener Produktion – Kaffeerösterei und Bäckerei befinden sich nur ein paar Häuser weiter. Rum Baba ist übrigens ein rumgetränktes Küchlein, das besonders in Frankreich seine Anhänger hat. Ob der Name des Cafés eine Schnapsidee war oder gar eine Liebeserklärung an die französische Spezialität bedeutet? Vielleicht ja beides. Einen Zusammenhang mit den Comics der Asterix-Reihe können Fans ebenfalls erahnen.

Rum Baba
Pretoriusstraat 33
1092 EX Amsterdam

(20) ☕

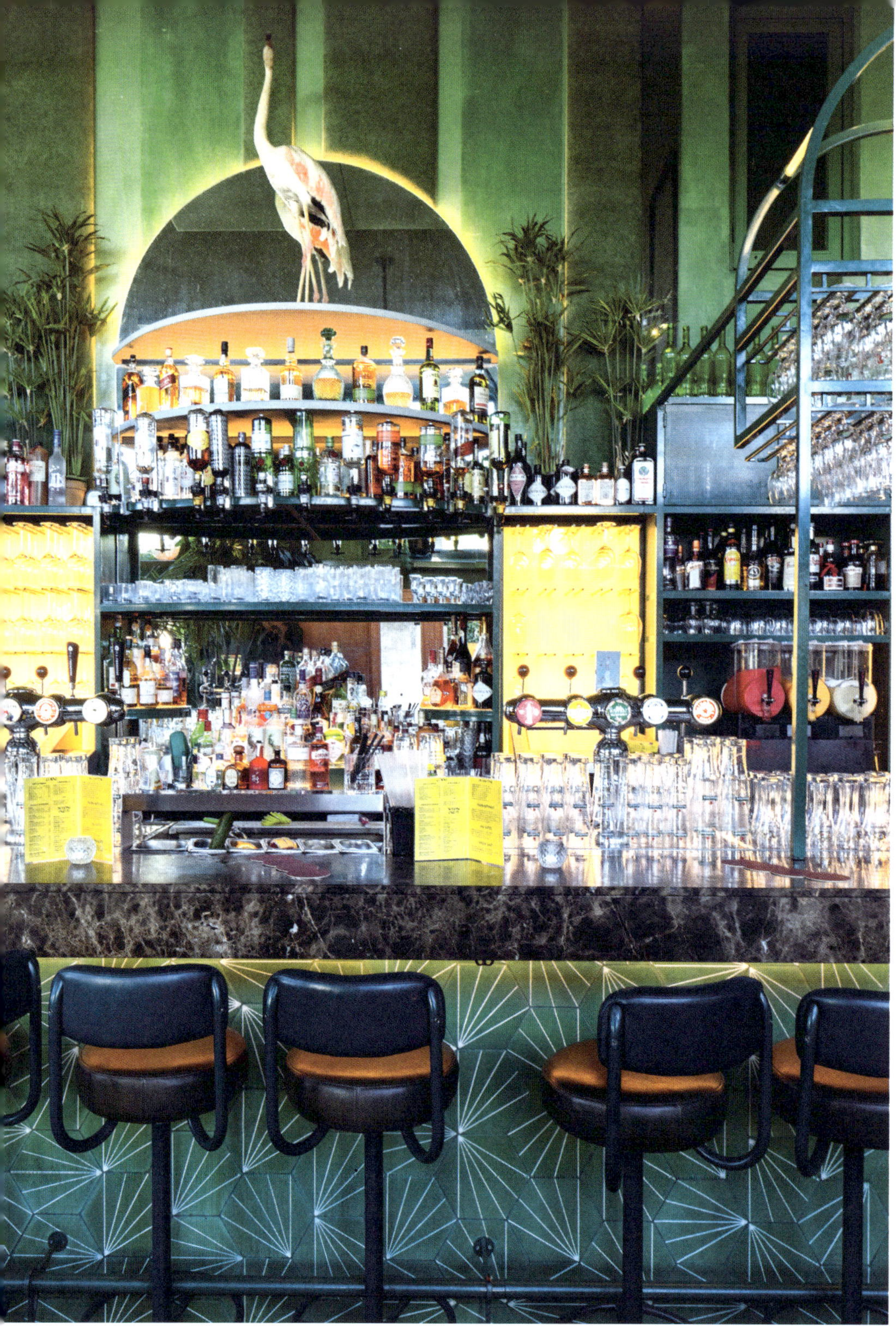

Bar Botanique
Eerste Van Swindenstraat 581
1093 LC Amsterdam

21

BAR BOTANIQUE
IM DSCHUNGELBUCH

Würden Balu und Mogli eine Bar bauen, sie sähe vermutlich aus wie die Bar Botanique nahe der multikulturellen Javastraat. In riesigen Töpfen wachsen hier Palmen, Farne und Monsteras. Spiegel an der Ladendecke reflektieren das natürliche Licht, das durch die großen Fenster trifft. Am Marmortresen werden exotische Cocktails und Longdrinks gemixt. Einzig die Küche bietet kein Dschungelessen, sondern französisch-mediterrane Speisen. Von satten Grüntönen umgeben, lässt sich das mit der Gemütlichkeit in dieser Bar sicher besonders gut probieren.

4850 EIN JUNGER SCHWEDE ZEIGT FACETTEN DES GUTEN LEBENS

Der gebürtige Schwede Daniel Schein kennt als Sommelier und Barista die Gemeinsamkeiten von Kaffee und Wein: Sie wachsen in diversen Anbaugebieten, werden auf zahlreiche Arten verarbeitet und können bei der Verkostung ein breites Spektrum an Geschmacksnoten tragen. Seine Liebe für beide Genussmittel hat Daniel im 4850 vereint. Im Mittelpunkt des Ladens stehen das gläserne Weinlager und eine offene Küche. Vom Frühstück bis zum geschmackvollen Abendessen sind die Türen geöffnet. Zum Filterkaffee lassen sich die schwedischen Zimtschnecken (Kanelbullar) empfehlen. Die internationale Weinkarte reicht vom experimentellen Naturwein bis hin zu edlen Tropfen von italienischen Traditionsreben.

4850
Camperstraat 48-50
1091 AH Amsterdam

BAKING LAB DAS ALTE HANDWERK LEBT

Getrieben von der Faszination für Hefe, Mehl und Wasser hat Jechiam Gural seine Bäckerei eröffnet. Die Leidenschaft für die Kunst des Brotbackens ist wohl in seinen Genen verankert: Schon sein Großvater war Bäcker in Jerusalem. Wird im Baking Lab mal wieder aus frischem Teig ein neuer Laib Brot gebacken, dann riecht man das schon von Weitem auf der Linnaeusstraat. Hier kann man ganz klassisch Backwaren erstehen, aber auch – zum Beispiel für ein (veganfreundliches) Mittagessen – länger bleiben. Neben wechselnden Gerichten steht ein Frühstück zur Auswahl. Die Bäckerei funktioniert außerdem als Versuchsküche mit Workshops für Kinder und Erwachsene.

Baking Lab
Linnaeusstraat 99
1093 EL Amsterdam

(23)

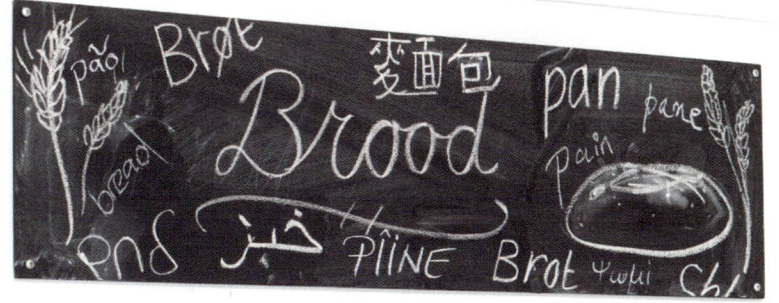

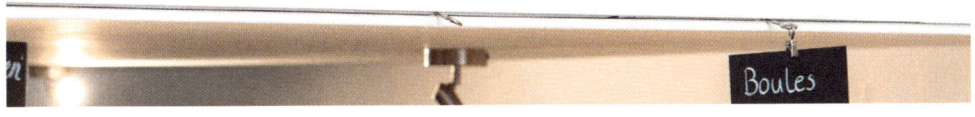

DE PLANTAGE PINKE MAGIE AM ZOO

Wenn abends das Licht sanft durch die Bäume fällt, liegt auf der Terrasse von De Plantage eine ganz eigene Magie in der Luft. Die Küche des Restaurants ist orientalisch und mediterran ausgerichtet. Bereits zur Mittagszeit werden grüner Salat und rote Shakshuka serviert. Kommt man zu früh zu seiner Verabredung, wird das mit einer besonderen Aussicht belohnt. Dank der Nachbarschaft zum ältesten Zoo der Niederlande, dem Zoo Artis, kann man problemlos Flamingos beim Stolzieren bestaunen.

(24) 🍴

UNSERE KARTENILLUST-
RATORIN SASKIA RASINK
(S. 10) LEBT IN AMSTER-
DAM. WÄHREND DER
RECHERCHE FÜR DIESES
BUCH VERRIET SIE MIR
IHREN LIEBLINGSORT IN
DER STADT: DIE TERRAS-
SE VON DE PLANTAGE.

De Plantage
Plantage Kerklaan 36
1018 CZ Amsterdam

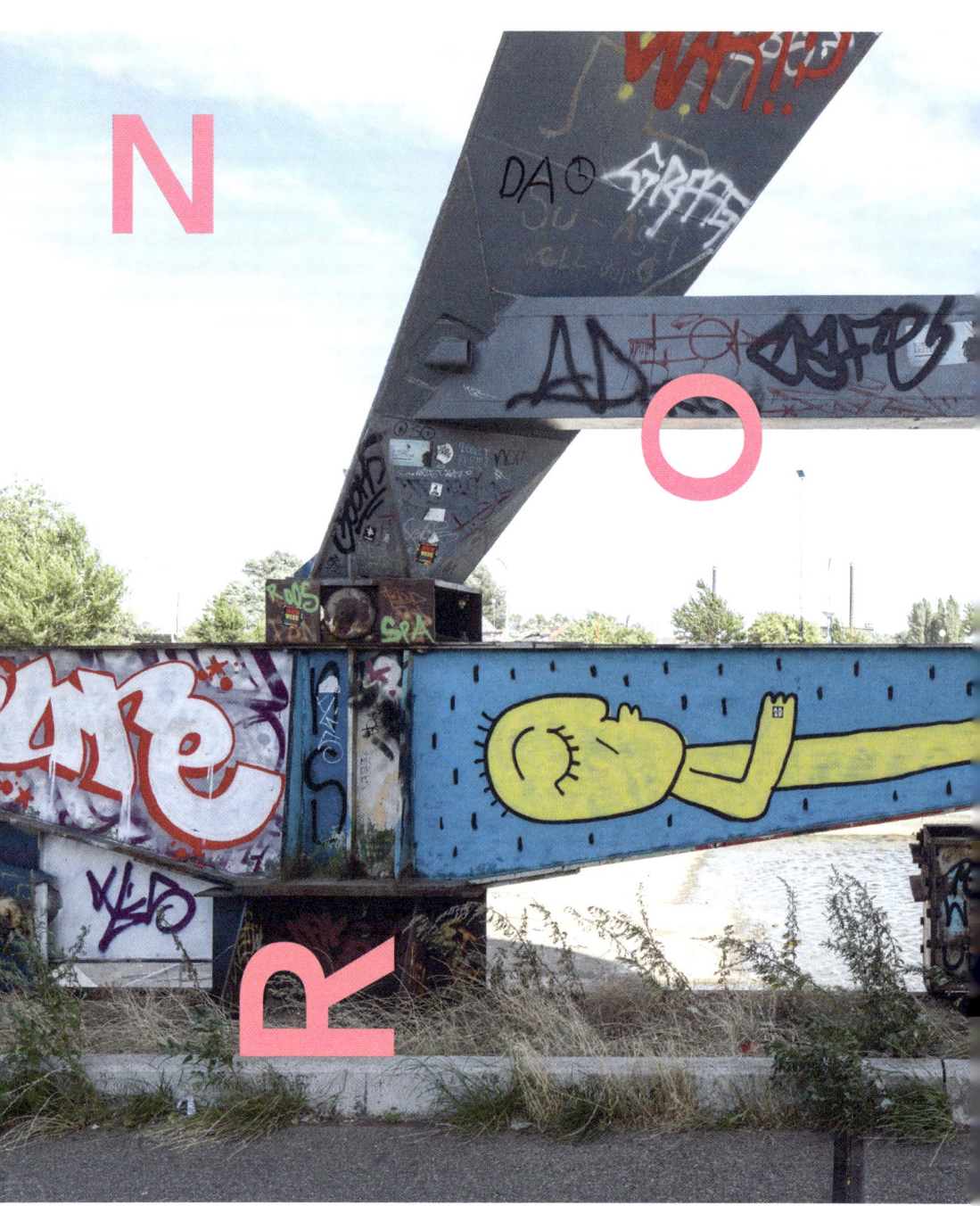

O

D

PLLEK DIE SEELE BAUMELN LASSEN

Früher sind sie über die Weltmeere geschippert, heute lagern sie dauerhaft vor Industriekulisse: Die Container des Plleks haben schon so einiges erlebt. Übereinander gestapelt und mit Glasfronten verschweißt dienen sie nun als Restaurant am Stadtstrand. Den ganzen Tag lang wird hier Essen angeboten und häufig auch Live-Musik. In nur wenigen Minuten ist das Lokal mit der gewissen Improvisationslust via kostenloser Fähre erreichbar. Dafür einfach bei den Anlegern am Hauptbahnhof einsteigen und an der Station NDSM Werft wieder an Land gehen.

MIT EINER FRISCHEN MEERESBRISE AM IJ-UFER

Pllek
T.T. Neveritaweg 59
1033 WB Amsterdam

NDSM AB IN DIE KUNSTSTADT AUF DER EHEMALIGEN SCHIFFSWERFT

Jede Menge Platz zum Entdecken gibt es auf dem Gelände der NDSM-Werft (eine Abkürzung für Netherlands Dock and Shipbuilding Company). Wo bis in die Mitte der 80er Jahre Schiffsrümpfe geschweißt wurden, steht heute unter anderem eine kleine Kunststadt: Über 250 Kreative betreiben in einer ehemaligen Schiffsbauhalle Werkstätten und Ateliers. Vor deren Einzug war die Halle eine Ruine ohne Dach und Infrastruktur. Sie wurde saniert und ein Rahmengerüst aus Stahlträgern eingebaut. Individuell konnten die Mieter dadurch in Selbstorganisation ihre Räume gestalten. Ein Projekt, das – gemischt mit viel Kunst – immer wieder Neugierige in das denkmalgeschützte Gebäude lockt.

FARBE, VIELFALT UND ZUKUNFTSPLÄNE

Für die Besucher und die kreativen Mieter soll in der riesigen Schiffsbauhalle bald auch ein Café eröffnet werden. Weiter ist für die Zukunft ein Street Art-Museum geplant. Großflächige Murals lachen bereits jetzt von den Außenfassaden des Geländes. Die NDSM-Werft zeigt mit ihren vielen Möglichkeiten – zu denen auch das Pllek (S. 108) und die IJ-Hallen (S. 122) zählen – heutzutage eine ganz andere Seite von Amsterdam. Wer Interesse an einem alternativen Stadtentwicklungsmodell oder riesigen Graffitis hat, sollte hier vorbeischauen.

NDSM
NDSM-Plein 2
1033 WB Amsterdam

COBA LIEBE GRÜßE AUS MEXICO

Im Tapas-Stil durch die lateinamerikanische Küche reisen, das kann man im rustikalen Restaurant Coba. Gründerin Mirthe van der Schoot war früher Innenarchitektin und betrieb ein Geschäft mit Kakteen. Die stacheligen Gewächse bestimmen auch heute noch in ihrer Taquería das Flair. Unterstützt werden sie dabei von Korbstühlen, Esels-Piñata und einen mit Gaben und Kerzen bestückten Altar. Chefkoch Joachim de Buck serviert dazu auf seinen selbst getöpferten Tellern atemberaubende Speisen. Die modern interpretierten Tacos und Quesadilla von der wechselnden Karte belohnen jeden, der den kleinen Ausflug in das unscheinbare Industriegebiet des Amsterdamer Nordens auf sich nimmt.

(27) 🍷 🍴

KÖSTLICHE TACOS UND AGAVENBRÄNDE

Vegetarier und Veganer kommen im Coba ebenfalls auf ihre Kosten. Auf sie warten Blumenkohl-Ceviche, Tacos mit lange gekochten Auberginen und weitere fleischfreie Spezialitäten. Für einen Absacker abseits des Großstadttrubels steht neben einem kleinen Angebot an Wein und Cocktails vor allem eine äußerst ansehnliche Mezcal-Auswahl auf dem Tresen des Lokals. Als bekannteste Form der Agavenbrände zählt der Tequila. Die Barkeeper zeigen hier aber mit Freude, dass zu der Spirituose weit mehr Aromen und Farben gehören als gemeinhin angenommen.

Coba
Schaafstraat 4
1021 KE Amsterdam

AUF WEISSEM KAFFEEFILTERPAPIER HAT MIR BARISTA NINO AUS DEM BOCCA (S. 34) DIESE RESTAURANT-EMPFEHLUNG NOTIERT. DANEBEN DER HINWEIS: VORHER RESERVIEREN!

GUT ZU WISSEN

FAKTEN

Altersdurchschnitt (2018): 37,8
Im Vergleich dazu: Das Durchschnittsalter der Berliner lag im Jahr 2017 bei 42,6 Jahren. //
xxx: Den drei Kreuzen begegnet man in der Stadt überall. Sie stehen für Pest, Feuer und Flut – die Plagen, mit denen Amsterdam zu kämpfen hatte.

SPRACHSCHATZ

Das Wort **Gezellig** trägt eine umfangreichere Bedeutung als sein deutsches Äquivalent: Es beschreibt ein positives Gefühl für jede Art des menschlichen Beisammenseins. Auch das niederländische **Lekker** klingt wie ein deutsches Wort, ist aber bei unseren Nachbarn ebenfalls vieldeutiger. Es lässt sich auf unterschiedlichste Lebenslagen beziehen, die mit den Sinnesorganen wahrgenommen werden können und sich angenehm anfühlen. Das Wetter kann genauso lekker sein wie holländischer Apfelkuchen.

UNTERKOMMEN

In den ehemaligen Räumlichkeiten einer **Tageszeitung** befindet sich heute das hippe Volkshotel. Auf dem Dach tanzt und speist das Volk – in Club und Restaurant. Besondere Schlafgemächer bietet das Sweets Hotel: 28 alte **Brückenhäuser** verteilen sich in der ganzen Stadt und beherbergen liebevoll und detailreich eingerichtete Designzimmer.

SONNTAGS-SPAZIERGANG

Auf dem Außengelände der NDSM-Werft kann man einmal im Monat über **Europas größten Flohmarkt** spazieren, den IJ-Hallen. Für eine Pause im Grünen bieten neben dem Vondelpark (S. 76) auch der kleine **Sarphatipark** in De Pijp oder der **Oosterpark** im Osten einen schönen Entspannungs-raum mitten in der Stadt.

RUMKOMMEN

Wie gut gelaunte Ameisen flitzen die Amster-damer zur Rushhour auf ihren **Fietsen** (Rädern) durch die Stadt. Was nach Chaos aussieht, scheint eine fast schon magische Ordnung zu haben. So kommt man gerade bei gutem Wet-ter mit dem Fahrrad am entspanntesten von A nach B. Ein plötzliches Anhalten ohne An-kündigung und erkennbaren Grund sollte man jedoch vermeiden: Das Ameisenvolk nimmt keine Rücksicht auf verträumte Touristen. Und in der Nähe von Tramschienen aufpassen, es herrscht Sturzgefahr. Außerdem wird viel und gerne geklingelt, nicht erschrecken. Goede rit!

AUSBLICK

HALLO HAMBURG

HALLO KOPENHAGEN

27 TIPPS FÜR CAFÉS, KULTUR UND MEHR

HALLO AMSTERDAM

27 TIPPS FÜR CAFÉS, KULTUR UND MEHR

Über ihre Heimatstadt Hamburg hat Harriet Dohmeyer ebenfalls ein Buch geschrieben. Auf 128 Seiten verrät sie, wo man moderne Kunst in einer ehemaligen Markthalle bestaunen kann und die Aperitivo-Kultur (aus)kosten sollte. Für eine unvergessliche Zeit zwischen Backsteinbauten, Hafenkränen und Szenevierteln.

Das kleinste Hotel der Welt und vier Freunde, die sich mit exzellentem Kaffee einen großen Namen gemacht haben – das sind nur zwei Kostproben aus dem Kopenhagen-Buch der Hallo-Buchreihe. Perfekt für alle, die in der Stadt nicht mit dem Touristenstrom schwimmen wollen, sondern ihre eigenen Bahnen ziehen möchten.

Noch mehr von Harriet gibt es auf Instagram unter @fraeulein_anker und auf dem Blog fraeuleinanker.de.

DIE HALLO REISEBÜCHER: ERHÄLTLICH IN AUSGE-WÄHLTEN LÄDEN UND AUF FRAEULEINANKER.DE

IMPRESSUM

DANKSAGUNG

Danke allen Lesern, mutigen Gründern und Unterstützern, die mich durch ihr Dasein zu diesem Buch inspiriert und ermutigt haben.

Ein besonderer Dank geht an Violetta Sanitz. Sie hat um meine Sprache einen wunderschönen Rahmen gestaltet und mich durch unseren kreativen Austausch mit unfassbar vielen Momenten voll Glück bereichert!

Dank für Unterstützung und Halt geht außerdem an:

Adrian Leisewitz | Adrian Schöndube
Alisa Siegmund | Elisabeth Tester
Eva-Maria Kowalczyk | Franziska Mathée
Hanna Dohmeyer | Hendrik Dohmeyer
Henriette Hoffmann | Jenny Eder
Joachim Plingen | Johanna Felde
Johanna Röhr | Jonas Langmaack
Lesley-Ann Jahn | Maja Leuschen
Marlen Boller | Niklas Rieckmann
Vanessa Janneck

Die vorgestellten Tipps haben auf keine Weise für den Eintrag in dieses Buch gezahlt. Die Hallo-Reihe ist ein selbstfinanziertes, rein redaktionelles Projekt mit journalistischem und künstlerischem Anspruch.

An die Statistikämter Amsterdam und Berlin ein Dankeschön für die Unterstützung zur Fakten-Recherche.

Fotografie und Text | Harriet Dohmeyer
Grafik und Design | Violetta Sanitz
Kartenillustration | Saskia Rasink
Autorenportrait | Malte Dibbern
Lektorat und Korrektorat | Max Lübbe,
Ralf Sonnenberg

Kontakt
Ankerwechsel Verlag Harriet Dohmeyer
Hegestraße 17, 20251 Hamburg
ankerwechsel.de
instagram.com/ankerwechsel
hallo@ankerwechsel.de

Druck und Bindung
Reset St. Pauli Druckerei GmbH
Virchowstraße 8, 22767 Hamburg

Printed in Germany
ISBN 978-3-947596-04-1

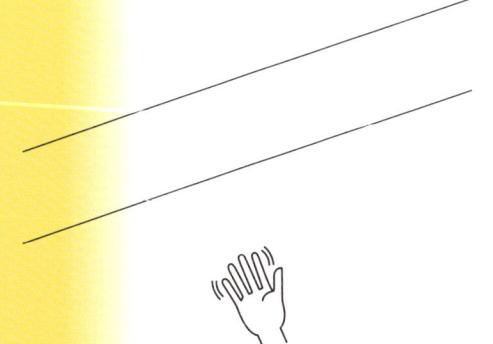